D072666?

Parable Patter

A Lighthearted Trip in Glaswegian Verse
Inspired by the Gospel Stories

by Tom C White

Illustrations by Iain Campbell

Scottish
Christian PRESS

First published in Great Britain
in 2004 by Scottish Christian Press
21 Young Street
Edinburgh
EH2 4HU

ISBN 1904325157

Illustrations by Iain Campbell
Book layout by Heather Macpherson

Printed and bound in the UK by Datacolour Imaging Ltd

Dedication

For Ann – for putting up with my patter
for all these years.

About the author

See that Tam White? He couldnae run a menage![1]
Wants tae be a writer an performer an that, naw? Well,
he's been at it since nineteen-canteen[2] an done
heehaw[3]! An noo he's goat the nerve tae ca' himsel a
Weegie - an him frae Embra! His heid's fu o mince![4]

Tom White, though born and bred in Edinburgh, now
lives in Glasgow - albeit Kelvinside - and has become
an unashamed 'Weegie'. He has a wife, three
daughters and two grand-daughters, (all of whom are
considerably smarter and more attractive than him)
and has reached the stage in his life when he is
reluctantly having to come to terms with qualifying for
free prescriptions and winter heating allowances.
Despite this, and after having worked as an electronics
engineer, general manager, self-employed business
consultant, and retailer of fine art prints, he still clings
to his childhood dream of making a name for himself
as a writer and performer - and now read on…

---

[1] '..couldnae run a menage': indicates that the organisational skills of the person being spoken about are not highly regarded.

[2] 'Nineteen-canteen': any undefined time in the distant past.

[3] 'heehaw': nothing at all.

[4] '...his heid's fu o mince': his head is full of nonsense.

Contents

Introduction

This 'wee dauner' through the Gospel stories in 'Glesgaspeak' verse is a sort of sequel to *Gaun Yersel Moses!*. But whereas Moses is a series of poems based on the stories contained in the Old Testament and, accepting that poetic licence abounds, remaining fairly truthful to the originals, the poems in *Parable Patter* are *inspired* by the illustrations used by Jesus in his teachings rather than an attempt to reproduce the actual stories. The reasons for this are fairly obvious I suppose, as there are not too many people in Scotland labouring in vineyards these days, being set about by brigands on lonely country roads, or reluctantly accepting jobs as swineherds as a last resort. I have therefore used building sites instead of vineyards, the streets of Glasgow's East End instead of the road to Jericho, and being forced to accept a job in a burger bar as representing the final degradation suffered by 'the prodigal son', instead of having him feeding a herd of greedy pigs – although having said that . . . maybe not!

Once again, the poems have been written primarily as 'entertainments' – and indeed, as with *Moses*, I intend to present *Parable Patter* as a one-man show – but finishing in each case with a 'moral' or 'homily' to illustrate the true meaning of the story, and of the original parable on which it is based.

Although the stories are fictitious, any resemblance to my friends and acquaintances is purely intentional, and so I trust that they will forgive my attempts to get a laugh at their expense. Whether or not my neighbours in Glasgow G12 will ever speak to me again after reading 'The West End Feast' remains to be seen.

Many of the parables which inspired these poems will be familiar to most readers – the Good Samaritan; the Prodigal Son; the Lost Sheep – but I am sure that a number of the stories will be virgin territory for some. Certainly, when I looked up many of the references quoted in the index to the *Good News Bible* under the heading 'Parables [NT]', I was unfamiliar with the stories that I read; and some of them I found extremely challenging! Indeed, there were a couple to which I just could not imagine writing an amusing parallel. I have therefore included, along with my titles, the headings given in the *Good News Bible* for the original parables, together with the Gospel reference. After you have had a laugh at my poems, may I suggest that you read the original parables that inspired them. May I also suggest that you peruse Luke 16:1–13, which was one of the difficult parables that I decided to avoid. Like the rest of the Gospels, it makes for very interesting reading.

Tom C White

Prologue

The poems in this wee compilation,
As ye'll ken when ye see them unfold,
Each tak as their true inspiration,
A story that Jesus wance told.

The first tale is aw aboot glasses,
Which some girls claimed wur taboo.
And ye'll read aboot five foolish lassies
Short-sighted in other ways too.

Some beans, and a gairdener's passion,
Ur next used tae set up the scene,
Tae deliver, in parable fashion,
A message fur each human 'bean'.

Ye'll read o a guy oan a mission
Tae complete a hoose, nothin hus matched,
Who finally needs a mortician
When death leaves him fully detached!

A tale o a lost sheep the next is,
And tho' written, of course, tae amuse,
The fact that there's sheep in the text is
Tae show that they represent youse.

A poem that is really dramatic,
Sees a Rangers supporter near deid.
When alang comes a Celtic fanatic,
Who ends up supportin his heid.

A builder named Bob causes trouble
When he acts in a generous way,
And amangst aw the buildin site rubble
Is a buildin resentment ower pay.

The problems o borrowin money
Gies the next poem quite a few twists,
When a guy finds it's no really funny
Bein hit by baith interest and fists!

Oan the beach, a wee guy goes fur glory
When he builds a domestic complex.
But it's like a Greek tragedy story
When a great storm his edifice wrecks.

Yer talents, and how ye must use them,
Is the next message here that ye'll see.
So use them, or else ye might lose them -
And end up oan late night TV!

Ye'll read aboot Eth and the schism
That her campaign fur justice promotes.
Then, tae use her ain malapropism,
She sorts oot the 'wheat frae the oats'.

The story o lazy teenagers
Wull strike a few chords Ah am sure.
Fur transition frae minors tae majors,
Is a pain that we aw must endure.

There's another wee poem o transition
Frae rebel tae good, lovin son.
And the endin o wars o attrition
When testosterone turmoil is done.

Then we're back in the world o construction,
Wi a poem that a skiver inspired.
But this lazy lout suffered combustion -
Fur he finally goat himsel fired!

The next wan's aboot actin proudly,
Which some think their image enhances,
But tae blaw yer ain trumpet too loudly
Can end up by blawin yer chances.

The second last story Ah've written
Is o wee Mary Mone and her shoes.
And how fu' o grief we ur smitten,
If somethin we love we should lose.

The last is aboot a food lover,
And some snobs, who missed oot oan the feed.
So don't judge a book by its cover,
Or ye might miss a rattlin good read.

Fur behind aw the jokes and the banter,
Ur some morals that really do matter.
So Ah hope ye enjoy yer wee canter
Through ma new book called *Parable Patter.*

The Ten Lassies

(Inspired by the Parable of the Ten Girls
Matthew 25:1-13)

This is a tale o some lassies -
There wur actually ten in the number -
Wi nane o them wearin their glasses,
Fur each hoped that they might get a lumber.

They wur oot fur a wee celebration,
Aw giggly and over-excited,
Tryin hard tae keep orientation
Fur they aw wur extremely short-sighted.

But each o them felt that their glasses
Didnae help, when ye're oot oan the pull.
If ye want tae stand oot frae the masses,
Wearin gregories just isnae cool.

Wan or two hud tried oot contact lenses,
But their efforts hud aw gone awry;
And the stuff that supposedly cleanses
Hud just gied them a pain in the eye.

So they wore them at work, but these lassies
At night-time just aw ditched their specs,
Fur they'd read in *Hello!* that, wi glasses,
Even Posh wid huv struggled wi Becks.

They hud met at some Sunday School parties,
And hud been best o pals ever since.
Altho' five o the girls wur real smarties,
The others hud heids fu o mince.

So the smart wans, despite protestation
That their specs didnae flatter their face,
Hud each shown the same inclination
Tae bring them alang, just in case.

But the others hud come oot withoot them,
And the reason's no hard tae relate:
If their specs, as they thought, didnae suit them,
Then why cairt aboot extra weight?

They decided they wanted tae eat first,
Before then goin oan tae the clubs.
But they wurnae fur jumpin in feet first
Wi the bar snacks ye get in the pubs.

So they aw hud moved oan tae a venue
Whaur they served the best Chinese in toon,
Tryin hard tae decipher the menu,
Which some o them hud upside doon!

Well, how's this fur twistin yer garters?
Wan lassie, whilst tryin tae impress,
Suggested they order fur starters -
The restaurant's name and address!

The fiasco wi menus concluded
When wan stated that she could devour,
A helpin o 'Service Included'
And a Sauvignon Blanc sweet and sour!

At this point, then, wan o the lassies,
Who wis scared that they never wid eat,
Went intae her bag fur her glasses
Which oan her really looked kinda neat.

Then the other fower followed her leadin,
And pit oan their glasses as well.
So the five o them started oot readin
Tae the other hauf-blind personnel.

So at long last their order wis taken -
Number three, twenty-wan, and aw that -
Fur, noo they could see, they'd forsaken
The number fur addin the VAT.

The meal, they declared, wis quite spicy
And, all in all, real finger-lickery.
And they aw loved the chicken fried ricey -
Despite clumsy attempts at chop-stickery!

Fur their puddings, the girls hud requested
A wee toffee apple or two,
Efter which they aw happily rested
Tae discuss just whit next they should do.

But discussions wur soon interrupted
By two guys frae the table behind,
And squeals o excitement erupted
When the guys said whit they hud in mind.

Fur these guys wi dark glasses and goatees,
Wur died-in-the-wool paparazzi,
And wur lookin tae tak a few photies
Fur an advert fur Saatchi & Saatchi.

And they telt them that, fur this commission,
The girls wur the right kind o lassies.
But they hud wan specific condition -
They wid aw huv tae be wearin glasses!

Tho' the work wisnae whit ye'd ca steady,
There'd be quite a few handsome cheques.
So the smart wans went aff tae get ready,
Whilst the others rushed hame fur their specs.

But efter a gut hud been busted,
Dashin hame and then back in a cab,
They found it wis aw done and dusted
And the guys hud gone back tae their lab.

So they'd missed oot oan all o the action.
But the smart wans wur able tae brag,
That they'd soon be a feature attraction
In a really high class glossy mag.

Noo Jesus wance telt a wee story,
There wur ten lassies in that wan too;
Five wise yins, who feasted in glory,
Whilst the others missed oot oan the do.

And he telt us that we should ensure that
We ur ready, whitever we do.
Fur we don't ken the day or the hoor that
The Kingdom o heav'n might be due.

So, if ye need them, then pit oan yer glasses!
Don't let vanity get ye ensnared!
Let's remember the five clever lassies,
And, like Boy Scouts, let's aw 'Be Prepared'!

The Lad wi' Green Fingers

(Inspired by the Parable of the Sower
Matthew 13:1-9 and 13:18-23)

So picture the scene:
We've goat young Bobby Green,
A Glaswegian entreprenoor,
Whose work wis the basis
That made an oasis
Frae nothin but earth and manure.

Fur Bob wanted hedges,
And organic veggies,
But hudnae a gairden at hame.
And yet he wis obsessed,
And convinced he possessed
Ten green fingers, just like his green name.

So when Bobby found oot,
By a devious route,
That a Cooncil allotment wis free.
He wrote them a letter
Sayin: 'Youse lot hud better
Just gie that allotment tae me!'

And the Cooncil just did;
They wur glad tae be rid
O an eyesore that naebody wanted.
It hud lain there fur years,
And some folk harboured fears
That perhaps it might even be haunted.

Well, when Bob saw the place
He thought: 'Whit a disgrace!
The last owner o this should be shot!'
But he smiled when he found,
In the wet, soggy ground,
A single wee shrivelled shallot.

Fur that scabby shallot meant
This crappy allotment
Could still be a fertile and rich marsh.
And if he could just dae that,
The people wid say that
Wee Bob wis the next Alan Titchmarsh!

So he cleared oot the weeds
But, before buyin seeds,
There wis wan joab that Bob didnae savour.
Still, he goat oan his moby
And called his pal Toby,
And asked him tae dae him a favour.

Fur, ye see, Toby Shand
Wis the new stable hand
At the racecourse ye'll find doon in Ayr.
And Bob knew he'd agree
Because, when they wur wee,
Toby lived in the very next stair.

They hud been pals fur years,
Sharin laughter and tears,
And the things that ye dae when ye're young.
So Bob felt pretty sure
That wee Toby's manure
Wid be top standard thoroughbred dung!

Well, oor Bob wisnae wrang
Fur, when it came alang -
And tae this day the rumours are rife -
The stuff wis sae smelly,
They showed oan the telly
Folk haudin their noses in *Fife!*

So he dug the manure in,
And thereby ensurin
The earth wid be healthy wance mair.
Took the last o the weeds oot,
Then goat aw his seeds oot,
And scattered them roond everywhere.

Noo, there's nae legislature
Mair powerful than nature
Combined wi the dung frae a horse.
So Bob knew it wis best
Tae just sit back and rest
And let good Mother N tak her course.

As the weeks they sped bye,
And oor Bob cast an eye
Ower just how his runner beans spread,
He remembered a phrase
Frae his Sunday School days,
Aboot some things that Jesus wance said.

Fur he noticed he'd thrown
A few seeds which hud blown
Oan the path at the side o the plot.
But they wurnae there lang,
Till a ravenous gang
O wee speugs hud eaten the lot!

And then Bobby hud found
That, in some o the ground,
The earth wis too shallow tae root.
Beans hud sprouted up fast
But they just didnae last,
Fur the sunshine hud dried them aw oot.

And, although Bob hud tried
Tae ensure he shanghaied
Every thistle and docken and weed,
Still a few hud come back
And hud made an attack
Oan some beans, that hud ended up deid.

But then, lucky fur Bob,
He hud done a grand job,
Oan the rest o that gairden o greens.
Fur the soil wis sae good,
That the hale neighbourhood
Wis soon up tae their airmpits in beans!

And this arable tale
Is a parable tale,
Like the wan Jesus telt us tae heed.
Fur the message he gave us,
He promised wid save us,
If we choose tae be the right seed.

Fur all those who hear him,
But dinnae come near him,
Because they just don't understand,
Are like those seeds that fell
Oan the pathway and, well,
They are snatched by the Evil One's hand.

And those who assert him,
But quickly dessert him
When troubles and trials come alang,
Are like seeds that wur found
In the shallowest ground,
And so didnae last very lang.

And the wans in the weeds
Are like those folks whose needs
End up chokin the real message oot.
As they strive fur reward,
They lose sight o their Lord,
And they end up by no bearin fruit.

But the people who hear,
And ur really sincere,
Are like seeds in the good fertile ground.
They wull grow and they'll know,
When they finally go
At the end, they wull be heaven-bound!

So ye see that, indeed,
Ye can choose just whit seed
That ye ur, fur ye're perfectly free.
Yer choice is between
A redeemed runner bean,
Or a has-been - so whit's it tae be?

The Man Who Hud Never Enough

(Inspired by the Parable of the Rich Fool
Luke 12:16-21)

This story's aboot a wee man and a hoose,
And the guy wis a bit o a dope.
Fur he started okay
In a businesslike way
But then just didnae ken when tae stoap!

Ah suppose ye could say that he just tried his best,
If ye wanted tae mount a defence.
But it hus tae be said
He wis just a big ned,
Wi a great deal mair money than sense.

Fur the basic design wis a modest affair,
A nice wee 'des res' so it wis.
Twa bedrooms and that,
Aw the rooms oan the flat,
And all in all simply the biz!

Well, it took a few years tae complete aw the work,
And his marriage wis showin the strain.
'Never mair,' said his wife,
'Fur the rest o ma life
Could Ah face that palaver again!'

'Well Ah thought,' he replied, when he felt it wis safe,
'Even tho' it's quite nice here inside,
That whit wid be fine
Tae complete the design
Is a lean-to oot there oan the side.'

So he built a conservat'ry oan tae the hoose -
Another three months that wan took -
Goat the plants settled in,
Poured a very large gin,
And then stood back tae huv a good look.

'It's a wee bit lop-sided,' he thought tae himsel,
As he puffed away oan his cigar.
So, despite his wife's barrage,
He built oan a garage -
Then went oot and bought a new car!

'Surely noo,' said his wife, 'we can baith just relax,
And rest efter aw that exertion.'
But she very near died
When her husband replied
That he fancied a wee loft conversion.

Well, the room in the loft took the rest o the year,
Fur the effort required wis amazin,
And tho' that wis misguided
Oor man still decided
Oan new PVC double-glazin!

'That's enough!' said his wife. 'Ah just want ye tae stoap
And enjoy aw the space and the headroom.'
Tho' she threatened divorce,
He still started, of course,
An en-suite fur the principal bedroom.

It goat tae the point whaur he just couldnae rest
Withoot huvin a panic attack,
So tae keep himself sane,
He prepared the terrain
Fur a laundry room oot at the back.

Then he added some deckin behind the lean-to,
Fur tae view aw the flora and fauna.
And then oan a whim
Built a personal gym
Kitted oot wi a steam-room and sauna.

Then a patio next, wi discrete ootside lights,
And a fish pond roond which tae meander.
And then the great sap
Just went right ower the tap
Wi a 'Gone with the Wind'-type veranda!

But at last it wis done, and he said tae his wife,
'That's everything noo that Ah need.'
Then he went up the stair
And collapsed oan the flair,
And a few seconds later wis deid!

Noo, ye might think it cruel fur tae get a few laughs
Aboot how some wee idiot burned oot;
Because quite a few folk
Didnae think it a joke
When that's how their life really turned oot.

But Jesus wance said that's the way it wull be
Fur mony a husband and wife;
'Cos they get so uptight,
That they simply lose sight,
Of whit really matters in life.

They spend so much time buildin up great reserves
And constantly strivin fur mair,
Then they learn, much too late,
That the finger o Fate
Can poke anytime, anywhere.

Fur nane o us kens whit the future might hold,
Or how lang we're likely tae stay.
And in Heav'n we'll be known,
No by how much we own,
But by how we lived, day efter day.

So here is ma message tae each man and wife,
And tae every señor and señora:
Live fur *now*, no fur *when*,
Don't pit aff until *then* -
Live each day like ye'll no see the morra!

The Campsie Shepherd

(Inspired by the Parable of the Lost Sheep
Matthew 18:10-14)

Jack wis a shepherd, the best o the bunch,
Tho' he still liked the odd mutton pie fur his lunch.
And he kent everywan o his wan hunner sheep,
Altho' sometimes, when countin them, he'd fa' asleep.

It wis up in the Campsies that he kept his flock,
So that they widnae mingle wi other folk's stock.
And the grass there wis magic fur fattenin his ewes,
And wi plenty o space, then, ye didnae get queues.

Jack's dug wis called 'Flower', a wee collie it wis,
And at roundin up sheep, Flower wis simply the biz.
Jack fed him oan meat, which the dug wid devour,
Fur he wisnae a veggie - that wee collie, Flower.

Maist o the time wis just spent wi the flock
Makin sure that the sheep didnae trip ower a rock.
So Flower helped the sheep tae avoid the outcroppins,
Whilst Jack tried his best tae avoid aw the droppins.

Then wan day, when crossin the steepest o ridges,
Oor Jack wis attacked by a great gang o midges.
They bit him aw ower, and so very soon,
His hale body swelled up like a great big balloon.

So he hud tae dash hame, whaur he kept in the kitchen
A tub o that stuff that reduces the itchin.
He covered himsel frae his head tae his feet,
And then sat doon, exhausted, tae huv a wee seat.

But just as he felt that the bites wur aw healin,
He suddenly goat a real worryin feelin.
And, steppin ootside tae the yard at the back,
He could see that the sky hud aw turned a deep black.

And then came the lightning and crashes o thunder,
And soon Jack just felt he wis standin right under
A shower that wis set tae the maximum force -
Or like bein underneath an incontinent horse!

But Jack wisnae bothered aboot gettin wet,
He just thought o his sheep and the terrible threat
That each o them faced withoot covers or shelters,
Fur wet hills can quickly become helter-skelters.

So Jack goat his all-terrain vehicle thingy -
Whilst thinkin he'd be better aff in a dinghy -
And shot up the hill at the maximum speed
Convinced that his sheep could by noo aw be died.

But, when he goat up tae the tap he could see
That the sheep wur quite calm and as safe as could be.
Fur Flower - bless his hert - hud just gaithered the flock
Who wur standin aroond in a cave in the rock.

So Jack led the sheep safely back tae the fold,
Wi Flower daein everythin that he wis told.
Then Jack frae his four-by-four thingy dismounted,
Fur noo wis the time fur the sheep tae be counted.

He counted them wance, then he counted again,
And then counted a third time, but wance mair in vain.
Fur no matter which way he counted the line,
Still, there wisnae a hunner, but just ninety-nine!

The rain wis sae fierce noo it might even bruise,
It wis no 'cats and dugs', mair like 'horses and coos'.
But altho' Jack wis tired, he kent he widnae sleep
If he didnae go searchin tae find the lost sheep.

So aff Jack trudged through the muck and the mire,
Convinced any second noo he wid expire.
Then the temperature dropped, and the rain turned tae sleet,
But then suddenly Jack heard a far away bleat.

He looked ower a cliff, which wis rocky and steep,
And there at the foot wis a wee drookit sheep.
And tho' it wis exhausted, it still didnae stop
Tryin tae gie Jack a wee kick - a sort o lamb chop.

But Jack didnae mind a wee kick in the ribs,
Fur he'd no been sae happy since Herts beat the Hibs.
And he sang aw the way back whilst cairtin the sheep,
Then collapsed oan his bed and went straight aff tae sleep.

And Jesus wance telt a wee tale like this too;
Twis a parable then and a parable noo.
Fur he is the shepherd, and he'll always keep
A close watch oan us all because we ur his sheep.

And even if wan in a hunner gets lost,
He wull try hard tae save them, whatever the cost.
So if ye've been too lang in the rain and the cold,
Then just let the Lord bring ye back tae the fold.

The Guid Fitba Fan

(Inspired by the Parable of the Good Samaritan
Luke 10:25-37)

The day Billy Wright
Goat involved in a fight,
Made a point, which Ah'm now goin tae labour.
Fur it opened Bill's eyes,
And made him realise
The true meanin o lovin yer neighbour.

Billy'd hud a wee bevvy -
A few pints o heavy -
Wi some guys he'd met in the pub.
He wis feelin aw right,
Although just a bit tight,
But quite hungry and ready fur grub.

So he started aff hame
Thinkin back tae the game,
And he found himself singin oot loud.
Fur this slightly asthmatic
Wee Rangers fanatic
Wis wance mair back there in the crowd.

As he strolled up the street
Lookin doon at his feet,
He suddenly heard people shoutin.
When he raised up his eyes
He saw five or six guys,
Clearly no oan a Sunday School outin.

So when he goat before them
He tried tae ignore them,
Just hopin that they'd let him through.
He wis just aboot bye
When the heaviest guy
Tripped him up wi a flick o his shoe.

'See you, ya wee snotty,
Ye're nae Pavarotti.
And whit's wi the blue and white hat?
Well, we don't like strangers,
And we hate the Rangers,
So whit dae you think aboot that?'

Then they gathered in tight,
Clearly itchin tae fight.
It wis obvious trouble wis brewin.
Wan said, 'Too bad fur you pal.
Ye're time's overdue pal,
Fur we're gaunae gie ye a doin!'

Well, they roughed him up bad,
It wis really pure sad,
Fur they kicked him, and stamped oan his heid.
They didnae quite kill,
But they left puir wee Bill
Ninety-nine and a hauf percent deid!

He wis lyin there cryin,
And sure he wis dyin,
Yet strugglin tae cry oot fur help.
But, because o his state,
He could only create
A wee sound like a collie dug's yelp.

Then he heard people comin -
A man and a wummin -
And knew the guy wisnae an oaf.
Cos he spoke awfy posh,
Lots o 'golly's and 'gosh',
In an accent distinctly pan-loaf.

They wur Kelvinside folk,
Slummin, just fur a joke,
Fur the East End wis 'such jolly fun!'
Then they saw, and heard, Bill,
And they stood very still,
Fur they knew their enjoyment wis done.

They baith gave a wee shrug,
Searched around fur the dug,
Then a shrug o the shooders wance mair.
Lookin up tae the sky
They let oot a big sigh,
And then stared wance again at the flair.

Then the wummin said, 'Dear,
It's quite true what I hear,
It's not doctors they need, but some vets.
His whole body's stinking,
He's clearly been drinking,
He simply deserves all he gets!'

So they turned oan their heels
And walked back tae their wheels,
And sped aff wi a screech frae a tyre.
Leavin poor Billy lyin,
And desperately tryin
His level best no tae expire.

Then alang came a lad,
And wee Bill wis fair glad,
Fur he recognised him right away.
He wis wan o the blokes
Tellin dubious jokes
In the pub early oan in the day.

The guy looked at his watch,
Then he scratched at his crotch
And said, 'Sorry pal, Ah cannae stoap.
Ye're in quite a bad state,
But Ah'm late fur a date,
And Ah'm sure ye'll be able tae cope.'

So he waved at wee Billy,
Then left, willy-nilly,
And disappeared intae thin air.
Leavin Billy tae lie there,
Convinced he wid die there,
Fur naebody else seemed tae care.

The he heard a feared sound.
His hert started tae pound.
And the sound, Ah suppose, ye can guess.
Fur whit he wis hearin
Wis singin and cheerin,
Frae Celtic supporters nae less!

'Aw naw,' thought wee Bill,
'This is surely the kill.
So it's wan nil fur Celtic today.
Cheerio Ibrox Park!'
Then it goat awfy dark,
And he felt things aw slippin away.

When he opened his eyes
He goat wan big surprise,
Fur he wisnae quite deid efter aw.
And he found that, instead,
He wis lyin in bed
Lookin up at the face o his maw.

'Praise the Lord!' she declared.
'Ma wee boy hus been spared!'
Then she started tae bubble and greet.
'B-b-but,' Billy stammered,
'Ah thought Ah'd be hammered.
Ah really thought Ah wis dead meat.'

'It's a miracle son!
They wur sure ye wur done,
Fur a while things wur really quite sticky.
But the medical crew
Worked their wonders oan you,
Fur they're marvellous here at the Vicky!

'And Ah'm telt that a man,
Who's a real Celtic fan,
Wis the wan that called nine double nine.
And they said that he stayed
Fur tae gie ye first aid,
So he'll aye be a real pal o mine!'

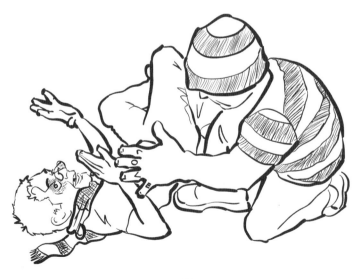

Tho' he tried, there's nae doot,
Billy never found oot
That Celtic fan's name or address.
But, wherever his hame,
In Bill's eyes he became
The true essence o neighbourliness.

So it aw ended swell,
Billy back safe and well,
Watchin fitba and datin the lassies.
And frae that day tae this,
Billy's maw blaws a kiss
Tae each Celtic supporter she passes.

Noo, the Lord understood
Whit it means tae be good,
And he telt us just whit we should do.
So ye must understand
That, if folk need a hand,
And ye're there, then it's aw up tae you!

So the next time ye meet
Those in need oan the street,
Even tho' they support Glesga Rangers,
Then don't you be silly,
Just think o wee Billy,
And be a good neighbour tae strangers!

A Builder Ca'ed Bob

(Inspired by the Parable of the Workers in the Vineyard
Matthew 20:1-16)

Bob wis a builder, the best in the trade,
And his full name wis Robert McGhee.
Bob wid get the job done -
Altho' he's no the one
That the kids love tae watch on TV.

Fur Bob wis a real flesh-and-blood workin man,
Wi a boiler-suit, hard-hat and wellies.
But the crew that he'd got
Wur a real bolshie lot -
No the puppets ye see oan yer tellies.

They moaned aboot this, and they groaned aboot that;
In fact nothin it seems wis okay.
And Bob reached the stage
Where, because o his age,
He wis tempted tae ca' it a day.

But he'd goat a nice contract tae build a new hoose -
In fact it wis mair like a castle -
So tae each mutineer
He just turned a deaf ear,
Fur he didnae want any mair hassle.

But that didnae stop aw the bleats and the gripes,
And at times Bob just bit on his lip.
Fur, as well as the moans,
He hud aches in his bones
And his right knee wis giein him gyp.

There wis only aboot a week's work left tae go
When the ba' went right up on the slates.
Bob hud telt a wee rookie
Tae shift his bahookie,
And they aw hud walked right oot the gates.

If the work wisnae finished, Bob knew very well
That he widnae get paid fur the job.
But it wisnae the money,
Fur tho' it sounds funny,
Oor Bob wisnae short o a bob!

But he didnae like tellin a client he'd be late,
And he meant it sincerely, he did.
Which is strange, Ah agree,
Fur maist builders ye see
Ur worse cowboys than Billy the Kid!

But Bob wis a builder whose word wis his bond.
If he broke it, his name they'd be spittin on.
Fur a failed guarantee meant
His verbal agreement
Wis no worth the paper it's written on!

So Bob hud tae pit the auld thinkin-cap on
And he went doon the road tae the broo,
Whaur tae his great surprise
There wur no lots o guys,
But just wan lonely man in the queue.

Noo, fur aw that wis needed tae finish the hoose
Bobby didnae need business tycoons.
He thought he'd be content
If the hale complement
Wis a hauf dozen healthy baboons!

Well, this wee guy wis clearly no skilled at the trade -
Didnae ken whit the word 'architrave' meant -
Yet Bob felt he wis right,
Even tho' he just might
Be a few kerbstanes short o a pavement!

So, Bob took him on tae assist wi the work,
And he kitted him oot wi some gear.
And Bob said he'd be paid
The top rate fur the grade,
Which wis music tae this fella's ear.

The next day Bob went tae the broo wance again,
And he picked up another two bods,
Gied them the same spiel,
Wi the same payment deal,
And then handed oot shovels and hods.

Well, the work wis progressin, tho' no fast enough,
But that wisnae through anywan slackin,
So day three and day four
Bob employed a few more
Fur tae gie his new squad some mair backin.

On day five, Bob took on the last o the bunch,
Just tae gie wan great final big heave.
And by late Friday night
They'd completed the site,
And the target Bob said he'd achieve.

Well, Bob wis ecstatic; the men wur fair pleased,
Tho' in need o a really good wash.
But they smiled when they saw
That Bob held in his paw
A great big lovely fistfu o dosh.

But, when they wur paid, altho' some o their smiles
Wur in danger o passin their ears,
Others looked at their wage
Wi a face fu o rage,
And they very near burst intae tears.

And the reason that some o the men wur fair pleased,
And that some o the others wur seik,
Wis that each hud received
Whit oor Bobby believed
Wis top rate fur a hale workin week.

So the wans who hud been there fur maist o the time
Claimed that this wis distinctly unfair.
If the other guy's pays
Wur fur two or three days,
Then the first wans should surely get mair.

But Bobby reminded them whit they'd agreed,
So their payment wis hardly a swiz.
And if he chose tae be
Mr Nice Guy McGhee,
It wis naebody's business but his!

And this is a lesson we aw huv tae learn:
If we're treated quite fairly and square,
We should no be upset
If some other folk get
Whit appears tae be mair than their share.

Because, lucky fur us, as Jesus made clear,
In heaven we're treated the same.
And it's never too late
Tae get wiped clean yer slate
When ye pit yer trust in the Lord's name.

And even altho' ye've done terrible things
That wid mak any decent folk faint,
If ye come tae the Lord
Ye wull get a reward
Just the same as if ye'd been a saint.

So sign up today fur the Lord's workin squad.
Help tae build a new hoose here on earth.
At the end o the day
When he hands you yer pay,
Ye'll receive so much mair than ye're worth.

The Moneylender and The Wee Punter

(Inspired by the Parable of the Unforgiving Servant
Matthew 18:21-35)

This is a story o money,
And how some people others mistreat.
A few o the verses are funny,
But others might cause ye tae greet.

Well, the first fella this story features,
Is a guy by the name o Big Tam.
Wan o nature's maist unpleasant creatures,
And built like the Grand Coulee Dam!

Some folk said that he wis pure mental.
But such a conclusion wis wrong.
He wis smart, and it's coincidental
That he looked like the son o King Kong.

But he didnae huv nae airs or graces,
And he rarely encountered defeat.
Fur he'd blackened mair eyes in mair faces
Than Ah've hud hot breakfasts tae eat.

Tho' officially oot o employment,
He hud fingers in quite a few pies.
Wan o which removed ony enjoyment
Frae the lives o a number o guys.

Fur Tam hud a wee sideline caper,
Lendin money tae those who wur skint,
At interest rates like a skyscraper,
That wid mak yer eyes watter and squint.

And the methods he used fur collection
Wid be frowned oan by mafia thugs.
Fur it sometimes entailed vivisection,
And no just oan cats or oan dugs!

So Ah hope noo that ye've goat the picture
That he wisnae a fella tae cross.
Because he widnae countenance stricture -
Fur Big Tam wis the number wan boss.

So how come that wan o life's bruisers
Continued some clients tae attract?
Well, beggars sometimes can't be choosers,
And that's an unfortunate fact.

So in spite o Big Tam bein greedy,
And mair vicious than yon Al Capone,
Yet the poor and the weak and the needy
Still depended oan him fur a loan.

And wan o these punters wis Eddie,
The nicest wee bloke ye could meet,
Who found himsel short o the ready,
Wi his weans huvin nothin tae eat.

And it wisnae that Eddie wis reckless,
But his wife hud a mission tae spend.
And she'd bought a new ring and a necklace
So the money wis noo at an end.

Well, Eddie wis near desperation.
He didnae ken which way tae turn.
And reluctantly, in trepidation,
He decided his bridges tae burn.

And so he went doon tae the boozer
Whaur he kent he could speak tae Big Tam.
Just another pathetic wee loser;
Fur the slaughter, another wee lamb.

But, when ye're flat broke just like Eddie,
Yer need, well, ye just cannae hide.
Fur yer dignity, ye've lost already,
So ye just huv tae swally yer pride.

And so Eddie signed an agreement,
At umpteen percent fur each day.
And Tam made it clear just whit he meant
Tae dae if Ed failed tae repay.

Well, a couple o weeks huv gone by noo,
And Big Tam is ca'ed doon tae the bank.
And he's lookin a different guy noo,
Fur the manager's bein quite frank.

Fur Big Tam he owes them some money
Oan a loan that is lang overdue.
And the manager's no bein funny
When he says that the bank's gaunae sue.

Noo Big Tam's an expert at crawlin,
So he asks fur a wee bit mair time,
Then gets doon oan his knees and starts bawlin -
The hale thing is a right pantomime!

And tho' Tam is the real antihero,
As an actor he's no just a ham.
And Ah'll bet that yon Robert De Niro
Couldnae be ony better than Tam.

By the time he gets through wi the meetin
He hus finally goat his ain way,
Wi the manager sittin there greetin
And tellin him things ur okay.

In fact he gets mair than he's needin,
Fur altho' this might seem really daft,
The manager says he's proceedin
Tae increase Big Tam's overdraft!

And so Tam leaves the bank feelin magic,
Fur he's goat aff the hook, right enough.
But the next event's really pure tragic
As Tam resumes actin the tough.

36

Fur who should he meet but wee Eddie,
Who's due noo his cash tae repay.
But Ed says he isnae quite ready,
And asks tae huv just wan mair day.

Tam gies him, by way o an answer,
A big ugly dunt oan the heid.
And says tae stoap actin the chancer
Or wee Eddie might just end up died.

And tae mak sure that Ed gets the message,
He gies him a thump wi his nut.
And uses this just as a presage
Fur a sickenin punch tae the gut.

But suddenly Tam is dumbfounded,
When he hears a police siren's wail.
And the next thing he kens he's surrounded
And bundled aff intae the jail.

Fur the man frae the bank, Mr Fletcher,
Hus witnessed this vicious attack.
And he's ca'ed fur police and a stretcher,
When he sees that Ed cannae fight back.

So Tam, fur this act o aggression,
Gets tae spend a lang time behind bars.
And the bank sets aboot repossession
O his hoose and his two or three cars.

And Ah'm happy tae say that wee Eddie
Recovered within a few days.
And his finances noo ur quite steady
Since his wife stoapped her squanderin ways.

But Ah warned ye this tale wis quite gory,
Despite the occasional joke.
So whit should we learn frae this story,
Apart frae no beatin up folk?

Well, we aw should behave in a fashion
Like the Lord says we really should do.
And when people respond wi compassion
Then we should show others that too.

But even when other folk treat ye
Nae better than Tam treated Ed,
Then don't let their actions defeat ye,
But remember what Jesus wance said.

Fur he telt us that we should be carin
Fur the foe just as much as the friend.
If we do, then it's true love we're sharin -
And that brings this tale tae an end.

38

The Hoose oan The Sand

(Inspired by the Parable of the Two House Builders
Matthew 7:24-27)

Ah'll tell ye a tale
Aboot Jimmy McPhail,
Who decided tae build his ain hoose.
Nae Wimpy fur him,
Too expensive fur Jim,
Who wi money wis no fast and loose!

Fur Jim wis a fly guy,
A right 'do or die' guy,
A typical Glaswegian scruff.
Who scorned aw tradition
Like plannin permission,
And other such trivial stuff.

He maintained regulations
Like layin foundations,
Wur strictly fur punters and mugs.
He just needed cover
Fur his wife and mother,
Wi somewhere outside fur the dugs.

And he wanted it quick,
So decided tae stick
Tae a site just as flat as can be.
So he plunked fur the beach,
Which wis in easy reach
O the shops, and the pubs, and the sea.

And the plan wis tae nick
The occasional brick
And some stanes frae an auld disused quarry.
And he goat frae his mates
A few things in some crates,
That hud fell aff the back o a lorry!

39

Then he went tae the queue
Doon the road at the broo,
Wi a great wad o cash in his hand.
And before very lang
There wis quite a wee gang,
Busy labourin doon oan the sand.

He hud wan or two bods
Humphin second-hand hods,
And a guy wi some wood and a saw.
But nane o this crew
Hud the least Scooby Doo
Aboot just how tae pit up a wa'!

So naebody thought
Tae suggest that they ought
Tae perhaps think o sinkin some piles.
They just laid aw the bricks,
Took their shovels and picks,
And then stood back wi big glaikit smiles.

Still, the work wis complete,
And the hoose looked a treat
Oan the day that the family moved in.
But the very first night
They awoke wi a fright,
When they heard this colossal great din.

Fur a fierce howlin gale -
Thunder, lightning and hail -
Wis poundin the wa's o the hoose,
Which of course couldnae stand
Oan just nothin but sand,
So it gradually shook itsel loose.

Then it fell tae the ground
Wi a terrible sound,
And his wife and his mother goat soaked.
But that's no half as bad
As they did tae the lad,
Fur the wee fella nearly goat choked!

So the message tae take
Frae wee Jimmy's mistake
Is that, when ye go buildin a hoose,
If ye want it tae last,
Get foundations rock fast,
Fur withoot them the rest is nae use.

And, as Jesus made clear,
Aw the people who hear
Whit he teaches, but choose tae ignore,
And instead take a stand
Oan the world's shiftin sand,
Wull find oot that there's trouble in store.

Fur they'll aw discover
That life's cosy cover
Wull wan day be washed clean away.
They'll be left oan the beach,
Wi aw hope oot o reach,
When it comes tae that last judgement day.

But the wans who decide
Tae no drift wi the tide,
But instead pit their trust in the Lord,
Tho' they might still get wet,
They'll eventually get
A heavenly hame fur reward.

So ye see that yer faith
And yer hoose, they should baith
Be established upon a sound base.
Then, whitever befa's
Ye'll huv good sturdy wa's
Tae keep some o the rain aff yer face!

The Three Jimmys

(Inspired by the Parable of the Three Servants
Matthew 25:14-30)

This parable tells o three Glaswegian lads,
So Ah'll ask yer attention tae gimme.
And their first claim tae fame
Wis they hud the same name,
And - surprise, surprise - that name wis Jimmy!

Well, the neeburs debated how each should be known,
But they failed, in the end, tae agree.
So it's nae big surprise
They just called oor three guys,
Jimmy Wan, Jimmy Two, Jimmy Three.

They played every hoor that they wurnae in school,
Mainly fitba, but sometimes at cricket.
Some auld gairden poles
Marked the side o the goals,
And then stood in at times fur the wicket.

Jimmy Wan wis the best at the auld fitba gemme;
When he shot at the poles he wid wreck 'em.
And he did a wee trick
When he took a free kick,
Fur he really could bend it like Beckham!

Jimmy Two wis an ace wi a bat and a ba',
Hittin sixes and fours by the score.
And at gowf he wis great,
Fur he drove lang and straight,
Gettin birdies and eagles galore.

43

Jimmy Three wis a quite different kettle o fish.
He wis rubbish at kickin a ba'.
And if he wis let loose
Wi a bat in a hoose,
Well, he'd quite likely no hit the wa'!

But everwan's goat a wee talent inside,
And Three wis just great wi the words.
He wrote excellent prose,
And wee rhymes he'd compose,
And wis therefore well in wi the burds.

Well, they drifted apart as the years they sped bye,
And their lives went in different directions.
So Ah'll tell ye aboot
How their lives aw turned oot,
In the next few poetical sections.

Jimmy Wan started trainin as hard as he could,
Keepin clear o the booze and the fags.
And then he goat a shout
Frae a new fitba scout,
And wis signed up tae play fur the Jags.

So he trained and he played like a person possessed,
The darlin o aw Firhill eyes.
And the fans aw agreed
When they saw him at speed,
That he'd no eaten all o the pies!

And Jim wis quite modest aboot his success,
No like some o they vain nincompoops;
But he felt quite a thrill
When departin Firhill,
As he signed up tae play fur the Hoops.

At Celtic oor Jim really started tae bloom;
People said he wis worth twice the price.
Fur Jim wis the best,
And wis finally blest,
Fur at last he hud reached Paradise!

But that wisnae the end, fur he goat oan TV,
And although he wis nae Billy Connolly,
Still he goat a few laughs,
Didnae mak mony gaffs,
And wis hailed as the new Dougie Donnelly!

Jimmy Two gave up cricket tae go fur the gowf,
And before lang wis playin aff scratch.
They said he hud the goods,
Like a young Tiger Woods,
Whose playin style he tried tae match.

So he practised and practised each day o the week,
Then won his first major event.
And he knew by the way
He hud played oan the day,
That his practisin time wis well spent.

When he entered The Open the very first time,
Well the bettin oan Jimmy wis heavy,
And that aw hud begun
When the *Mirror and Sun*
Hud nicknamed him the Easterhoose Seve!

But he goat second place and then went oan tae win
The next three competitions he entered.
When it came tae The Masters
Each station broadcasters'
Attention on Jimmy then centred.

And he won, so he did, and the country went wild.
It wis headlines oan every TV.
And then Peter Aliss
Took Jim tae the Palace,
Whaur Lizzie made him MBE!

So Ah bet that by noo ye're aw wonderin just
Whit happened tae number three Jim.
Did he keep up the writin?
Did something excitin
Or wonderful happen tae him?

Well, sad tae say, naw! Jimmy Three didnae manage
A Pulitzer Prize fur tae win.
Efter wan or two goes
At the poetry and prose,
He just lost hert and packed it aw in.

Fur, whereas his two chinas hud baith bust a gut
Until each o their skills wur perfected,
Jimmy Three didnae seek
Tae improve his technique
Efter wan or two poems wur rejected.

So altho' everywan said his writin wis great -
And they wurnae just shootin a line -
When Jim saw his mates
Join the ranks o the greats,
Well, he simply went intae decline.

Then he turned tae the booze, and he drank tae
excess,
Doon the slippery slope he wis sinkin.
His hands became shaky,
He looked like a jakie,
A doon-and-oot ruined by drinkin.

Ah saw him last week doon the Dumbarton Road
Wan evening while Ah wis oot strollin.
He hud fell oan the groond,
And wis rollin aroond -
Just a poor second-rate jakie rollin!

So whit dae we mak o this tale o three Jims,
And whit is the point o the story?
If we don't reach the top
Is it wrang fur tae stop
If oor efforts huv no led tae glory?

Well, in a word - aye! It's a sin tae ignore
Ony talents that God hus supplied.
And tho' ye're no the best
Still, ye might be impressed
By how good ye could be if ye tried.

Fur Jesus made clear, in some stories he telt,
That the talents ye huv wullnae grow
If ye chose tae ignore them.
But if ye explore them
Then who kens how far ye could go?

But even altho' ye don't win a big prize,
Or achieve international acclaim,
If ye gie yer best shot
Ye wull be a Great Scot,
Even tho' Jimmy isnae yer name.

'Cos if ye really try just the best that ye can,
As ye face aw yer troubles and strife,
Ye wull nevertheless
Have achieved real success
In that great talent contest called: LIFE!

The Wee Wummin and The Auctioneer

(Inspired by the Parable of the Widow and the Judge
Luke 18:1-8)

This story concerns a wee wummin,
Who fought lang and hard fur her rights.
And because o her great perseverance
She won the maist famous o fights.

Altho' Ethel wis wee, she wis sturdy,
Wi a voice that could waken the deid.
And a few funny characteristics
Which she'd be the first tae concede.

The maist famous o these wis her habit
O gettin her words aw confused,
And her wonderful malapropisms
Left everywan else quite amused.

She hud friends who, she said, hud constructed
A 'conservative' oan tae their hoose,
But they found they hud such 'compensation'
They wur thinkin o buildin a sluice!

And their daughter hud newly goat mairrit,
But wis strugglin hard tae survive.
So her Cooncil hoose hud tae be furnished
Entirely frae 'yon MI5'!

Ethel didnae go much tae the pictures;
When she did it produced lots o yawns.
Efter seein 'Last Mango in Paris',
She declared it: 'a load o soft prawns'!

And she wisnae by oany means wealthy,
But wi money she really wis smart.
She wis famous fur sniffin oot bargains,
Raisin thriftiness tae a fine art.

She widnae pay full price fur nothin.
She wis wan o the great 'cut-price' champs,
And wis banned frae her local post office
Fur tryin tae haggle ower stamps!

The day she discovered an auction,
Well, it just took away aw her breath.
Fur she'd finally found her vocation -
Or vacation, accordin tae Eth!

She just couldnae believe aw the bargains,
If ye kent whit ye needed, of course.
And Ethel knew just whit she wanted,
So she started tae plan oot her course.

She spoke tae her pals at the bingo,
And the wans she met doon at the Co,
And telt them tae gie her a budget,
Fur she wis just rarin tae go.

In two or three months she'd provided
Stuff that they'd only paid a few quid fur.
And there wisnae a family in Possil
That Eth hudnae pit in a bid fur.

The problem arose wi the telly
That she bought fur wee Annie McGraw.
Fur, despite aw the fiddlin and tunin,
Ye could see, well, precisely heehaw!

So Ethel returned tae the saleroom
And demanded her 'due restitution',
Tho' she caused just a wee bit confusion
By callin it 'blue prostitution'.

But the auctioneer still goat the message,
And he said, 'Noo, before we proceed,
Ye wull see that there quite clearly isnae
A zip up the back o ma heid.

'Fur it states oan oor sellin conditions,
That ye buy the goods clearly "as seen".'
'But that's just the trouble,' said Ethel,
'Ye can clearly see nowt oan this screen.

'So it isnae a real television.
It's simply a wireless, that's aw.
It's a bit like yer efter-sales service -
It husnae nae vision at aw!'

But the auctioneer wisnae fur budgin,
And he telt her tae go sling her hook.
But that simply made Eth mair determined
That she'd finally bring him tae book.

She decided on non-violent action,
Adoptin a Ghandi-like pose,
Altho' Ghandi became 'Mr Shandy',
And Mahatma became, well, who knows.

Each day she went doon tae the saleroom,
And demanded a full cash refund.
And each day her request wis rejected,
So she simply sat doon oan the grund.

Then the polis would come and collect her
And tak Ethel back tae her street,
And the next day, unless it wis Sunday,
The hale rigmarole she'd repeat.

Well, this went oan fur over a fortnight,
By which time the spectator queues
Watchin wee Ethel's daily evictions,
Wur regular spots on the news.

When it seemed it could go oan fur ever,
The auctioneer simply caved in.
And he gave Ethel back aw her money,
Fur he knew that he just couldnae win.

So, sometimes in life, just like Ethel,
Ye've goat tae keep bashin away.
And hope that yer determination
Wull end up by winnin the day.

Noo, Jesus wance telt a wee story
Quite a bit like the wan Ah've just telt.
And he used it tae gie us a message
Aboot prayer and aboot how he felt.

Fur if Ethel, because she persisted,
Eventually goat whit wis right,
How much mair will the Lord show his mercy
If we pray tae him mornin and night?

So keep up yer battles fur justice,
And keep up yer prayers tae the Lord.
Ye might no get a new television -
But ye'll certainly get a reward!

The Twa Sons

(Inspired by the Parable of the Two Sons
Matthew 21:28-32)

This is a tale
O parental travail,
And whit faithers and mothers must bear.
And how teenage years
Reduce some folk tae tears,
And can cause them tae pull oot their hair.

Fur those who huv weans
Dread the puberty pains,
When the plooks and the acne arrive.
And the change in their child
When his hormones go wild -
It's a miracle ony survive!

And the people involved here
Ah think could be called here
A teeny wee bit temperamental.
There wis mother and dad
Who regrettably had
Teenage sons who wur drivin them mental.

The elder son, Bill,
Hud a look that could kill,
Which he practised as part o his act.
He wis whit ye'd ca' moody,
Aw sulky and broody -
Yer perfect teenager in fact!

The younger son, Ben,
Wis a student o Zen,
Very placid and smiley and aw.
He wore an auld toga
Whilst practisin yoga,
Which drove Billy right up the wa'.

And if Billy said black,
This wid start an attack
Frae wee Ben, who wid say it wis white.
And ye'd ken aw alang
That, whit Ben thought wis wrang,
Wid be just the thing Billy thought right.

So they fought night and day
In that daft teenage way,
Which annoyed baith their parents, of course.
And so then mum and dad
Wid get angry and mad,
And wid end up by threatenin divorce.

But then they'd calm doon,
Fur they kent that quite soon
Baith their sons wid be normal wance mair.
They just hoped they wid last
Until puberty passed,
And avoid giein in tae despair.

But the parents agreed
There wis wan thing they'd need
Tae address, if they hoped tae stay sane.
They wid huv tae insist
That their sons baith assist
In a big bedroom clear-up campaign.

Fur the state o their rooms
Wur like derelict tombs,
Efter plunder by three generations.
Or maybe, somehow,
That *Apocalypse Now*
Had been usin the rooms as locations.

They agreed that the drill
Wis that Dad wid tell Bill,
And that Ben wid be telt by his mother.
They wid lay doon the law,
Baith the faither and maw,
And be ready tae back up each other.

So Bill heard his dad
Say that things wur sae bad
He must tidy his room up toute suite.
Billy glowered at his paw,
And he just replied, 'Naw!',
So his paw beat a hasty retreat.

Well, meanwhile, the mother
Hud found Billy's brother
Who, followin yogic tradition,
Wis hummin away
Tryin hard just tae stay
Sittin doon in the lotus position.

She let oot a sigh
And looked up tae the sky,
But decided that she widnae preach.
Because she wis quite clear
Whit he needed tae hear,
So she started her well-rehearsed speech.

'Yer room's a disgrace.
It's a shambolic place.
Ah've seen tidier streets in Beirut.
So cut oot the yoga,
And tak aff that toga
And get aw that rubbish cleared oot!'

But Ben didnae move;
He wis intae the groove
As he kept up his monotone hummin.
He wis quite unaware
As he sat oan the flair
That a blast frae his mammy wis comin.

Fur she yelled oot at Ben,
'Ah don't understand Zen,
But there's wan thing Ah ken that will happen:
If ye don't stoap that hum
Ye wull hear, oan yer bum,
The sound o wan hand that is clappin!'

Well, at that Ben looked up
Like a wee orphaned pup,
And his mum didnae ken whit tae dae.
Then he said, 'Okay doke!
That wis just ma wee joke.
Ah wull tidy ma room right away.'

56

But, despite whit wis said,
When it came time fur bed,
Then the parents goat wan big surprise.
Fur Bill's room wis dead neat,
And it looked quite a treat -
It wis really a sight fur sair eyes.

But the parent's delight
Wis dispelled by the sight
O the room o the other wee tyke.
Because Ben's room still looked
As if it'd been nuked
By a three hunner megaton strike!

So altho' Bill at first
Hud appeared tae be worst,
In the end he respected his dad.
But Ben, as ye saw,
Well, he promised his maw
Then reneged, and that's really pure sad.

So, although we should try,
When we make a reply,
A civilised manner tae keep,
Whatever yer patter
It's actions that matter,
Fur verbal agreements ur cheap.

Noo, Jesus wance claimed
That the wans who'll be shamed,
When it comes tae the last judgement day,
Ur the wans wi the real
Fancy words in their spiel,
But then just dinnae dae whit they say.

So here's a precise
Little piece o advice,
For today, and fur aw time beyond:
Be you an auld-stager,
Or plooky teenager -
Mak sure that yer word is yer bond.

The Tearaway Son

(Inspired by the Parable of the Lost Son
Luke 15:11-32)

This is the tale o a dad and two sons,
Wan o whom wis a bit o a yob.
Their name wis Mackenzie,
They lived oot in Lenzie,
Fur they wurnae short o a bob.

The dad's business wis makin high-class widden flairs,
And his products wur greatly admired.
And, of course, his two sons
Wid, he hoped, be the ones
Who wid tak over when he retired.

He tried tae be kind and yet firm wi the lads,
And he widnae stand oany malarkey.
Fur his greatest desire
Wis fur them tae aspire
Tae inherit his 'Kingdom o Parquet'.

But the boys wur as different as brothers could be:
Wan wis evens, the other wis odds.
Like chalk is tae cheese,
Or like elbows tae knees,
They wur peas frae two different pea-pods!

The elder son, Joe, wis a lot like his dad,
And he'd studied quite hard at the Uni.
Goat a first-class degree,
And wis destined tae be
Big in business, despite bein puny.

But the younger wan, Ben, wis as wild as they come,
Wi his big overcoat and fedora,
Spendin money sae fast
As if he widnae last
Through the night, never mind through the morra!

Well, it goat tae the point when Ben said tae his dad,
'See, Ah just cannae stand it at aw.
Ah'm fed up wi floorin,
And Lenzie's sae borin
It's drivin me right up the wa'.

'So Ah want ye tae gie me ma share o the dosh,
Ah'm gaun whaur the new moneyed class go.
Ah'm chuckin the hat,
And Ah'm buyin a flat
In the new Merchant City in Glasgow.'

Well, the faither agreed, tho' he felt quite depressed
When Ben set aff his new life tae start.
But Ben wis fair glad,
No the least wee bit sad,
Nor a trace o remorse in his heart.

But it didnae take lang till the money hud gone,
And he'd lost everything he could lose.
And even mair yet,
Fur he goat intae debt
Wi his gamblin and wummin and booze.

So he thought, 'Ah wull just huv tae get me a joab.
Some high paid executive post.
Wi a nice comfy chair
And, well, maybe a pair
O assistants tae mak tea and toast.'

But he soon realised, in the real world ootside,
That such joabs dinnae just grow oan trees.
And the few that exist
Need a real specialist
Who's goat wan or two decent degrees.

Then he heard o a company desperate fur staff,
Fur it seemed anywan they'd employ.
And so Ben goat a joab -
Wi a brand new wardrobe -
In a burger bar called Hoi Polloi.

In Ben's eyes, the uniform quite clearly wis
The personification o naff.
And each day Ben observed
Every person he served
Wis just burstin a gut no tae laugh.

The pay wis a pittance, the hoors wur extreme,
It wis slave labour any which way.
Ben stuck it a while
Till, in grandiose style,
He decided tae ca' it a day.

Fur he yelled at the gaffer, 'Stuff this fur a lark,
Ye'll no even gie me a wee break!
And Ah'm really quite miffed
Tae get less fur a shift
Than ma faither earns durin his tea break!

'And this place is a joke! It's just so second-rate!
As a burger bar it's an excuse!
Alang side Hoi Polloi
Burger King's the Savoy,
And McDonalds is Cameron Hoose!

'So just tak yer joab, and yer daft uniform,
Shuv them baith whaur the sun disnae shine!'
Then he stormed oot the place
Wi a scowl oan his face,
But a shiver ran right up his spine.

Fur he knew very well that he'd blawn his last chance,
Wi nae wan tae blame but himsel.
And he finally reckoned
That poverty beckoned,
Wi hamelessness certain as well.

Then he thought tae himsel: 'Ah'll go back tae ma dad,
Beg forgiveness fur this episode.
Ah'll even be happy
Tae dae aw the crappy
Wee joabs that he wants tae unload.'

He rehearsed and rehearsed whit he wanted tae say,
The he set oot tae walk back tae Lenzie,
Whaur he saw, oan the door,
Decorations galore
Spellin oot: 'Welcome Hame Ben Mackenzie!'

So he said tae his faither, 'But how did ye ken?'
And his faither said, 'Ah've hud ma spies oot.'
The he hugged him and kissed him,
And telt him he'd missed him,
Wi baith o them bawlin their eyes oot.

Then they hud a big party tae welcome Ben hame,
But Joe didnae think it wis funny.
He said, 'Ah've hud tae stay
Wi ma brother away
Huvin fun spendin aw o his money!'

But the dad said tae Joe, 'All Ah've goat wull be yours,
Fur Ah'm grateful that ye've stayed around.
But Ah hope ye can tell
That Ah'm grateful as well
That the son that wis lost hus been found.'

Noo, Jesus wance telt a wee tale just like this.
And the message that his story told,
Wis that heaven rejoices
Wi angelic voices
When sinners return tae the fold.

So if wan that ye love hus behaved no too well,
And they're hingin their heid wi the shame,
Then don't you be smug,
Simply gie them a hug -
And a big hearty, 'Welcome back hame!'

The Worker and The Shirker

(Inspired by the Parable of the Faithful and Unfaithful Servants
Matthew 24:45-51)

If ye ever walk roond a new buildin site
Watchin everywan workin tae get the joab right,
Then amangst the men strivin tae get their work done
Ah wull bet there's a fly guy just readin *The Sun*.

And tho' grafters might tak the occasional break,
Wi a wee slug o ginger their thirst fur tae slake,
There's always a waster within every bunch
Whose 'ten minute' tea break extends intae lunch!

And if ye ever go near the end o the day,
Ye wull find the hard workers still grindin away.
But Ah'll bet ye again, and Ah'll no be the loser,
Wan skiver by then wull be doon in the boozer.

Noo, Billy MacPherson wis wan o the first kind,
And Harry McFadden wis wan o the worst kind.
Their mates had named Billy the 'king o the brickies',
Whilst Harry wis labelled the 'maister o sickies'.

When Billy wis workin, he'd gie it big licks,
Layin dozens o breeze blocks and hunners o bricks,
But Harry, oan those days he happened tae show up,
Wid start at a snail's pace and then he wid slow up.

Then efter an hoor he'd be startin tae slump
So he'd mak some excuse tae go aff tae the dump.
And altho' it wis only ten yards tae the skip
He could tak hauf an hoor fur tae dae the roond trip.

By mid-mornin Billy wid be in full flow,
Layin brick efter brick in a perfect straight row.
But Harry ye'd find sittin oan his bahookie,
And usin his moby tae contact the bookie.

But calls wur kept short, because Harry held sway
Ower Senga, the gaffer's attractive PA,
And she hud agreed she wid let Harry know
Any time that the gaffer wis likely tae show.

So that is why each time the boss left his hut
He wid always find Harry just bustin a gut.
He didnae ken Senga had just bent his ear
And hud warned him tae get his backside intae gear.

So Billy worked hard every hoor o the day,
Takin pride in each wan o the bricks he wid lay.
But Harry continued his wages tae lift
Workin hard fur aboot hauf an hoor every shift.

Well, Harry's wee scam worked fur quite a few weeks
Due tae wonders o modern mobile techniques,
But another wee piece o hi-tech innovation
Eventually led tae his job's termination.

Fur the company bosses decided, ye see,
Tae install comprehensive closed-circuit TV.
And Senga, who really wis no awfy bright,
Hud forgot tae tell Harry the previous night.

The TV wis really tae mak sure the site
Wis protected frae theft and frae vandals at night,
But the gaffer wis checkin the system that day
Tae ensure the equipment wis workin okay.

So when it came time fur them aw tae go hame
Harry suddenly heard the boss ca' oot his name.
And when he went intae the office tae see,
There he wis oan the screen o the gaffer's TV!

He wis readin the paper and pickin his nose
Then he lay oan the groond and he hud a wee doze,
He goat up fur his lunch break, then hud a wee stroll,
Then fur forty-five minutes stared doon at a hole.

64

A five minute burst o activity started
When Senga hud said that the boss hud departed,
But then she called back, 'cos she'd heard frae a navvy
The gaffer hud simply popped oot tae the lavvy.

And then Harry kent that he'd dropped a real clanger
When he saw his CCTV doppelgänger
Just staunin there keepin an eye oan his watch -
And downin a third o a bottle o Scotch!

So malingerin Harry wis in dire straits,
Fur the ba' wis quite clearly right up oan the slates.
In fact he wis lucky tae simply survive
Wi nae mair than the boot and his P45.

But Billy, Ah'm pleased tae be able tae tell,
Came oot o the CCTV pretty well.
The gaffer saw how hard he worked through the day
And so Billy received a big rise in his pay.

Ah thought o this story last week when Ah saw
A wee bumper-sticker that made me guffaw.
It wis stuck tae the back o an ancient tin lizzie,
Sayin: 'Jesus is comin - so try tae look busy!'

But efter Ah hud a wee smile at the joke,
Ah remembered some sayins that Jesus wance spoke.
And how we should always be bearin in mind
Whit the Lord, when he comes, is expectin tae find.

And he telt a wee tale o a man just like Bill,
Who worked really hard and who never stood still.
And another like Harry, who constantly skives
But then is caught oot when his maister arrives.

So don't be like Harry, don't let doon the squad,
Whether workin fur wages or toilin fur God.
Fur when Jesus returns, ye don't want tae be found
Simply messin aboot or just skivin around.

Fur Jesus is comin, tho' we don't know when.
And it could be the morra, fur aw that we ken.
So there's nae time tae waste and ye better no shirk.
Don't just *try* tae look busy - get oan wi his work!

The Braggart and The Boffin

(Inspired by the Parable of the Places at the Wedding Feast
Luke 14:7-11)

This tale is aboot
A big cocky galoot,
Whose main object in life wis tae boast.
And another wee guy
Who wis really quite shy,
And who widnae say boo tae a ghost.

They baith wur employed
By a firm which enjoyed,
Worldwide, a first-class reputation.
Fur they made a wee midget
Technology widget -
A real engineerin sensation.

Well, Pete wis in sellin,
And constantly tellin
Great tales o the sales he wis baggin.
And altho' fairly good,
He wis noisy and crude,
And he just couldnae stoap himsel braggin.

Fur, accordin tae Pete,
Nothin else could compete
Wi the contracts that only he landed.
He hud such a big mooth
Ye wid think it the truth
That he ran the hale place single-handed.

And then there wis Ken,
The least pushy o men,
Wi a shiny bald heid that just glistened.
A typical boffin,
Who didnae speak often,
But when he did, everywan listened.

And, altho' Pete could sell,
There wur some who knew well
That, in terms o success, he wis fluky.
Tho' no quite brain deid,
Pete hud less in his heid
Than wee Ken hud doon in his bahookie!

Fur Ken wis sae clever
Naebody hud ever
Been able tae test his IQ.
And if Einstein's the man
Who is still number wan,
Then wee Ken wis a close number two.

It wis Ken's clever brain
That helped Pete tae obtain
Aw the orders, and aw the esteem.
But Ken never complained,
Fur he stoutly maintained
He wis simply just wan o the team.

But Pete didnae care
Ony glory tae share,
Fur he did everything oan his own.
In his ain eyes, big Pete
Wis the business - complete,
Aw the others wur just hingers-oan!

Noo, a few months before,
There wur worries galore,
When the business near went doon the chute.
Then a guy frae Japan -
An ex-pat Glesga man -
Hud stepped in tae bale the firm oot.

So this erstwhile Glaswegian
Wis noo the new heid yin,
But worked in the Japanese style.
And he telt everywan
That, just like in Japan,
He'd be 'Nippon' their ears fur a while!

Fur he called a big meetin,
And said that the seatin
Wis strictly in Japanese order,
Wi the best oan the site
At his left and his right,
And the rest seated right round the border.

So when they arrived
Then big Pete quickly dived
Fur a seat at the heid o the table.
But Ken looked aboot
Fur a place at the foot,
Just as far away as he wis able.

Then in came the boss,
And he looked right across
At wee Ken, then he called fur some hush.
He gied Ken a big bow,
And wee Kenny went: 'Wow!',
And he started tae wriggle and blush.

The boss whispered tae Pete,
'Just you get aff that seat,
Fur Ah want Kenny here oan ma right.
And you can just tak
Kenny's seat at the back,
And just try tae stay oot o ma sight.'

So quiet wee Ken,
The maist modest o men,
Wis promoted right up tae the tap.
And blawhard big Pete
Just admitted defeat,
And finally shut up his trap.

And so Peter learned
That respect must be earned,
And it cannae be plotted and planned.
Fur, like it or lump it,
Tae blaw yer ain trumpet
Wull just get ye chucked oot the band.

But, if like wee Ken,
In yer dealins wi men,
Ye play doon aw the things that ye dae.
And just tak a back seat,
And no fight tae compete,
Ye'll be praised at the end o the day.

Fur the Lord telt the crowd
That aw folk who ur proud,
Wull be humbled by God in the end.
But the wans who just stay
Quietly beaverin away,
Ur the wans that the Lord wull ca' friend.

So don't praise yersel,
Fur Ah hope ye can tell
Frae this tale, that self praise is nae honour.
Just try tae mak sure
Ye're a modest wee doer -
Or otherwise, ye'll be a goner!

71

Wee Mary and Her Shoes

(Inspired by the Parable of the Lost Coin
Luke 15:8-10)

Some folk collect auld movie posters,
And other go spottin fur planes.
And we've aw heard wisecracks
Aboot yon anoraks
Who go writin doon numbers o trains.

Tae maist folk collectin's a hobby;
A thing tae delight and amuse.
But sometimes it seems
It can go tae extremes -
Like wi wee Mary Mone and her shoes.

'Cos Mary's great passion wis footwear.
Her collection o shoes wis a sin.
And Ah bet if ye held a
Wee check wi Emelda
It's touch and go which wan wid win.

And it's no like as if they wur needed;
Fur here is the real paradox:
There wur mair than a few
That wur brand spankin new
And hud never been oot o their box!

Well, that's no entirely quite truthful,
Fur every wee wance in a while,
She wid lay them aw oot
And just walk roond aboot
Lookin doon wi a big glaikit smile.

And then she wid pit oan her favourites -
The wans wi the near six-inch heels -
And struggle in vain
Tae ignore aw the pain -
It wis wan o life's greatest ordeals.

Yet even although it wis painful
The temptation she couldnae refuse.
Fur they wurnae frae Clarks,
Or a pair oot o Marks,
But genuine Jimmy Choo shoes.

But efter a couple o minutes,
She just couldnae staun it nae mair,
A wee step or twa
And she usually fa'
And end up in a heap oan the flair.

Yet, tho' they wur useless as footwear,
They wur still Mary's crème de la crème,
Fur oan each o the toes
There wur fancy wee bows
And in each wan a sparklin wee gem.

Well, wan day, when Mary hud finished,
And wis sittin doon nursin a bruise,
Her hert skipped a beat
When she looked at her feet -
There wis somethin no right wi the shoes!

The left wan wis still lookin perfect.
Its wee sparklin diamond still shone.
But the wan fur the right
Wisnae lookin sae bright,
Fur it's precious wee sparkler wis gone.

At first Mary couldnae believe it
As she stared at the shoes oan her feet.
Then she let oot a cry
As a tear filled her eye,
And she started tae bubble and greet.

Fur quite a lang time she lay sobbin,
But, efter a while, goat a grip.
So she wiped baith her eyes,
Gave a couple o sighs,
And bit very hard oan her lip.

She goat doon oan her knees tae start lookin.
She wis crawlin aroond oan the rug.
The occasional sniff
Made it look just as if
She wis impersonatin a dug.

Well, efter an hoor o searchin,
Her airms and her legs wur aw shakin.
Her knees wur quite sair
Frae that time oan the flair,
And her back felt as if it wis breakin.

But even tho' she wis exhausted,
She widnae acknowledge defeat.
And she ventured a guess
She might huv mair success
Just walkin aroond in bare feet.

But that didnae prove ony better
Than the time she spent doon oan her knees.
Fur aw Mary found
As she trampled around
Wis a couple o squashed Bird's Eye peas.

But just when she felt it wis useless,
She thought o a further manoeuvre.
So she went tae the press,
Fumbled roond in the mess,
And she goat oot her trusty auld Hoover.

Well, the hoose hudnae goat such a cleanin
Since the start o the last Glesga Fair;
And when it wis complete,
Ye'd be happy tae eat
Sunday denner right aff o the flair.

Then Mary goat doon oan her hunkers,
And crossed baith her fingers fur luck.
The dust bag she lifted,
And carefully sifted
Through all o the fluff and the muck.

Then she suddenly felt her heart thumpin,
And she heard herself shoutin: 'Yahoo!'.
Fur there in a snag
At the fit o the bag
Wis the gem frae her Jimmy Choo shoe.

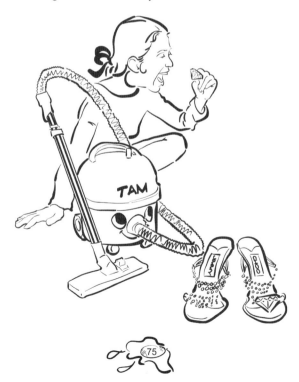

Well, she couldnae contain her excitement.
She wis laughin and jumpin around.
And altho' she wis clarty
She felt hale and hearty,
Fur that which wis lost hud been found.

Then she goat aw her neeburs taegither,
And telt them aboot her good news.
Then they hud a wee spree,
Wi a nice cup o tea,
And a grand exhibition o shoes.

Noo, Jesus, when tellin his stories,
Talked a lot aboot things that wur lost.
And how some wee punters
Became rabid hunters
Tae find them, whitever the cost.

And He used them tae gie us a message,
And the message is just: God is love.
And when some gang astray,
But then come back wan day,
He rejoices in heaven above.

Fur we ur the sparklin diamonds
In Jesus's favourite shoes.
And it fair breaks his heart,
And just tears him apart,
If any of us he should lose.

So if ye've fallin aff by the wayside,
And this message hus struck a wee chord,
Then dinnae refuse,
Get yer Jimmy Choo shoes
And go walkin right back tae the Lord.

The West End Feast

(Inspired by the Parable of the Great Feast
Luke 14:15-24)

This is a story o saucepans,
And epicurean delight.
It is set in the West End o Glesga,
Oan a midsummer Seturday night.

But first, Ah must gie ye the background
Tae this great gastronomical feast,
And how Wullie, frae Kirklee in G12,
Became a cordon bleu cookin artiste.

And tae understaun fully whit happened,
We must first, fur a while, start tae delve
Right intae the social behaviour,
And the mores o Glesga G12.

Noo, fur those who don't ken aboot Glesga,
G12 is whaur posh folk reside,
And it's oot west, beyond the Botanics,
In an area ca'ed Kelvinside.

And they dinnae speak regular English,
They say 'one's', when we ken that it's 'yin's'.
And 'rates' is a name fur some vermin,
And 'sex' ur fur puttin in bins!

And they don't visit pubs - it's mair wine-bars
That they go tae when oot oan the bevvy.
And it's fancy designer-type cocktails,
No yer wee haufs and twa pints o heavy!

Oan the shelves in a G12 off-license,
Nae Buckfast or VP belong,
It's aw hampers o champers frae Moët,
And New Zealand Sauvignon Blanc.

And the food shops ur no a lot better,
So dinnae go lookin fur Spam.
But ye cannae get movin fur kumquats
And shooders o auld Parma Ham.

So, Ah hope noo that ye've goat the message
That G12 is nae Castlemilk.
It's fur yuppies and dinkies and posers,
And other such folk o that ilk.

But don't think they're aw really wealthy,
Fur altho' some ur real city slickers,
Quite a few folk huv stretched their resources -
It's a case o 'fur coats and nae knickers'!

But, strangely enough, it's the latter
Who ur really the greatest o snobs,
And consider that ootside the limits
O G12, there's nothin but yobs.

So let's noo return tae oor Wullie,
No the *Sunday Post* guy oan the pail,
But the fella noo livin in G12
As Ah said at the start o this tale.

Well, Wullie grew up doon in Pertick,
And wis certainly no very posh.
Just a grafter who, by his ain efforts,
Ended up wi a cairtload o dosh.

So he bought a nice flat up in Kirklee
Which took a fair chunk o his loot,
And, before lang, goat invites tae denner,
Frae some o the folk roond aboot.

Noo, it seems that these Seturday denners
Wur held oan a sort o a rota,
Wi each month a different party
Fulfillin their part o the quota.

Well, the first denner Wullie attended,
He just gasped when he checked oot the scene,
Fur each plate hud mair cutlery roond it
Than the hale o his workers' canteen.

And the food wisnae whit he wis used tae,
As he tried tae explain tae his host,
Fur instead o the scallops and oysters,
He wis mair used tae baked beans oan toast.

And he made quite a few social blunders,
Like usin the wrang knives and forks,
And by sayin that he preferred screw-taps,
Which wur much mair convenient than corks.

He caused a few smiles and some sniggers,
When he loosened the belt round his belly
Before askin if pâté de foie gras
Wis the French lass he'd seen oan the telly.

Noo, in G12 these things ur ca'ed faux pas,
Which means that ye've scored an ain goal,
And Wullie, well he scored a beauty,
By drinkin his host's finger bowl!

And the lobster wis simply beyond him,
So he hud tae be shown whit tae dae.
And yer sweet *isnae* burnt when ye learn
That's just the way that ye serve crème brûlèe.

But, despite aw the boobs and the blunders,
Wullie really enjoyed aw the food.
And he thought that when it came tae his turn,
He wid huv tae mak something real good.

He hud drank rather mair than he should huv,
What wi champagne and white wine *and* red,
And efter three glasses o brandy,
He wis lang overdue fur his bed.

So at last Wullie made his departure,
Fur by noo he wis no makin sense.
And the other folk, efter he'd left them,
Hud a big laugh at Wullie's expense.

They said things like: 'Well really!' and 'Good grief!'
And: 'His manners are such a disgrace!'
And: 'One really is scared to imagine
What one might be served up at his place!'

But Wullie, when he hud recovered,
Thought that he'd really been quite a hit.
And he started tae mak preparations
Fur fulfillin his new-found remit.

So he first of aw made a few phone calls
Just tae let aw the other wans know,
That the next meal wid be up at his flat,
Fur he wis just rarin tae go.

He enrolled in a 'Crash-course fur Gourmets'
At the College o Food Institute,
And he thought tae himsel: 'When Ah'm finished,
Gordon Ramsay hud better watch oot!'

He purchased a new set o saucepans,
And every utensil they sell,
Includin a melon ball scooper
And a julienne cutter as well!

He wis telt aboot fancy ingredients,
And how ye can tell at a glance,
The difference between a rum truffle
And a Périgord fresh in frae France.

And he learnt tae distinguish beluga
Frae other less good caviar,
Which Wullie thought might come in handy
If he ever hud lunch wi a tsar.

And he kent noo the right way tae say things,
So he'd no mak another faux pas,
It wis 'ragoo' instead o yer 'rag out',
And 'nugget' wis really 'nooga'.

Then he started tae plan oot his menu:
Some shellfish croquettes tae kick aff,
Wi maybe a red cabbage salad
And some anchovy straws, fur a laugh.

And, of course, he wid huv tae serve sorbet,
Just tae please the West End cognoscenti,
And, fur main course, some pheasants wi chestnuts,
Wi the veggies, of course, served al dente!

And then fur the sweet - sorry! - pudding,
Tae finish the meal wi a bang,
He wid mak his ain crème brûlèe ice cream
In wee baskets made oot o meringue.

So he bought everything he'd be needin,
Includin some really fine wine,
And waited in anticipation
Fur he thought everything wid be fine.

But then, oan the Seturday mornin,
Wullie very near started tae greet,
As each wan o his guests called tae tell him
That they widnae be comin tae eat.

The excuses wur strangely familiar,
And Ah'll no say that each wis a liar,
But it's strange that so many auld grannies
Hud just chosen that day tae expire!

Well, Wullie wis feelin quite gutted,
But he just wiped the tears frae his eyes.
When ye're up tae yer airmpits in pheasants
Then hingin aroond isnae wise.

So Wullie jumped intae his motor,
And drove doon tae Pertick at speed,
Whaur he knew there wur plenty o jakies
In need o a really good feed.

Then he took a great crowd back tae his place,
Whaur he fed them tae grateful applause,
Altho' wan or two wurnae quite certain
Whit tae dae wi their anchovy straws.

And that started a monthly tradition,
Which is still carried oan tae this day,
Whaur the hungry get cordon bleu dishes
Made by Wullie, the G12 gourmet.

So if ye're doon-and-oot and ye're starvin,
Then here is a failsafe technique -
Just go up tae Wullie's in Kirklee,
And ye'll no huv tae eat fur a week.

And the folk who hud first been invited
Wur just snobs, and Ah'm sure that they knew it.
But they never goat asked back tae Wullie's
Fur they'd each hud a chance and they blew it.

But there's always an invite frae Jesus,
Tae come and eat at the Lord's table.
And this invitation is open
Tae aw those who're willin and able.

And the food that he serves is quite different
Tae the stuff that ye eat frae a bowl.
It's gourmet delights fur the spirit,
And cordon bleu food fur the soul.

So don't be a snob and decline it,
Like they Kelvinside women and men.
Fur, wance ye've hud denner wi Jesus,
Ye wull never be hungry again.

Epilogue

(Inspired by Luke 14:25-33)

Ah suppose ye aw ken whit is meant by a folly -
A tower or a buildin pit up by a wally!
They get hauf-way finished, then grind tae a halt,
Wi everywan arguin just who's at fault.

It's usually somethin that some eejit fancies,
Who starts aff withoot workin oot the finances;
A bit like the new Scottish Parliament place,
Whose spirallin costs ur a national disgrace.

Yet, that wull be finished, despite protestation,
By raisin the money through further taxation.
But naebody wanted tae pick up the bill
Tae complete that monstrosity up Calton Hill.

And tho' Gaudi's cathedral wull no be diminished
By takin a hunner-odd years tae get finished,
That eyesore in Oban's the ultimate swiz -
Is there anywan kens whit the flamin thing is?

Fur the world is just littered wi follies sublime
That seemed tae be brilliant ideas at the time.
And there's mair than a few that ur quite close tae home -
Need Ah say any mair than Millennium Dome?

And we've all o us hud a wee folly or two.
We've jumped in feet first, withoot thinkin it through.
Like buyin a hoose that hus goat a flat roof,
Or a twa week lang timeshare ootside Magaluf!

And we've lived tae regret aw the cost and the pain
Frae the leaks in the roof when we've hud too much rain.
Or they management fees, some o which Ah wid bet
Ur higher than some countries' national debt!

But follies ur no just confined tae a place
Whaur a bampot ends up wi some egg oan his face.
Fur in aw walks o life there's a payment tae make -
Think Thatcher; think poll tax; think big, big mistake!

And remember whit happened tae General Custer;
Or yon Big Goliath, despite aw his bluster;
Or auld Davy Crocket, who perished in vain,
Despite bein played in the film by John Wayne.

Fur we ken in oor herts, when it comes tae the crunch,
That there isnae a thing ye can ca' a 'free lunch'.
And efter we're left feelin battered and scratched,
We learn that aw things huv a price tag attached.

So the wise dinnae jump in withoot thinkin twice.
They review the returns when compared tae the price.
It's the costs versus benefits that they review,
And if ye've goat some sense ye wull dae the same too.

Noo, Jesus made clear that ye'll mak a mistake
If ye think Christian livin's a wee piece o cake.
There ur costs tae be met if ye follow his way,
So ye better be willin and able tae pay.

But if ye're prepared tae meet all o the costs
Then, altho' mony worldly returns might be lost,
The benefits gained at the end o the day
Ur guaranteed all o the costs tae outweigh.

So if ye decide that ye're ready tae build,
Even tho' ye might think that ye're no fully skilled,
Wi the Lord's help ye'll huv, at the end o life's race,
A mansion above - no an Embra disgrace!

Glossary

aboot	about
aff	off
Ah	I
ain	own
airm	arm
alang	along
amangst	amongst
anywan	anyone
aroond	around
auld	old
aw	all
awfy	awful/very
ba'	ball
bahookie	buttocks
baith	both
bampot	crazy person
bawl	cry (tears)
befa's	befalls
bevvy	drinking session
blaw	blow
blest	blessed
bob	shilling/money
broo	Benefit Office
burd	bird/girl
bye	by/past
ca'	call
cairt	cart (noun)/carry (verb)
cannae	can't
china	china plate, rhyming slang for mate
clarty	filthy
Cooncil	Council
dae	do
deid	dead
denner	dinner
didnae	didn't
dinnae	don't

ditched	got rid of
doon	down
drookit	soaked
dug	dog
dunt	bang/thump
eejit	fool
efter	after
fa'	fall
faither	father
fitba	football
flair	floor
fower	four
frae	from
fu'	full
fur	for
gaffer	boss
gairden	garden
galoot	fool
gang	go
gaunae	going to
gemme	game
gie	give
gied	given
ginger	soft drink
glaikit	foolish
Glesga	Glasgow
goat	got
gowf	golf
greet	cry
gregories	spectacles (Gregory Pecks, rhyming slang for specs)
groond/grund	ground
gyp	pain
hale	whole
hame	home
haud	hold
hauf	half
heehaw	not the slightest bit, or nothing at all
heid	head

hert	heart
Herts	Heart of Midlothian F.C.
Hibs	Hibernian F.C.
hing	hang
Hoops	Celtic F.C.
hoor	hour
hoose	house
hud	had
hudnae	hadn't
humph	carry
hunner	hundred
hus	has
huv	have
intae	into
isnae	isn't
Jags	Partick Thistle F.C.
jakie	tramp
joab	job
ken	know
kerbstane	kerbstone
lang	long
lumber	date (with a girl/boy)
ma	my
magic	wonderful
mair	more
mairrit	married
maist	most
mak	make
malarkey	misbehaviour
maw	mother
mental	crazy
mince (fu o)	mince, full of (nonsense, full of)
moby	mobile phone
mony	money
mooth	mouth
morra, the	tomorrow
nae	no
naebody	nobody
nane	none
naw	no

neeburs	neighbours
no	not
noo	now
nut	head
o	of
oan	on
ony	any
oor	our
oot	out
ower	over/too
palaver	stressful situation
pan-loaf	posh
paw	father
photies	photos
pit	put
plook	spot/blemish
plunked	opted
polis	police
rookie	manual labourer
roond	(a)round
sae	so
sair	sore
sap	fool
Scooby Doo	clue (rhyming slang)
seik	sick
Seturday	Saturday
shooders	shoulders
shuv	shove
skint	poor
skiver	workshy person
spiel	story/account
speugs	sparrows
staun	stand
stoap	stop
swally	swallow
swiz	con
tae	to
tak	take
tap	top

telt	told
tight	drunk
toon	town
twa	two
twis	twas
understaun	understand
ur	are
Vicky, the	Glasgow's Victoria Infirmary
wa'/wa's	wall/walls
wally	foolish person
wan(s)	one(s)
wance	once
watter	water
wean	child
whaur	where
whit	what
wi	with
wid	would
widden	wooden
widnae	wouldn't
wur	were
wis	was
wisnae	wasn't
wrang	wrong
wull	will
wummin	woman
wur	were
wurnae	weren't
ye('ll)	you('ll)
yer	your
yins	ones
yon	that/yonder
youse	you (plural)